CONFÉRENCES
De l'Association Philomathique de Bayonne.

L'AFRIQUE AUSTRALE

D'APRÈS LES VOYAGES RÉCENTS

PAR

M. FONCIN

Professeur d'Histoire au Lycée de Mont-de-Marsan
Membre de la Société de Géographie

Prix : 30 centimes.

PARIS
LIBRAIRIE DE L. HACHETTE ET Cⁱᵉ
Boulevard Saint-Germain, Nᵒ 77.

1869

L'AFRIQUE AUSTRALE

Par M. FONCIN.

—

IMPRIMERIE DE Vᵉ LESPÉS, RUE CHEGARAY, 12.

CONFÉRENCES
De l'Association Philomathique de Bayonne.

L'AFRIQUE AUSTRALE

D'APRÈS LES VOYAGES RÉCENTS

PAR

M. FONCIN

Professeur d'Histoire au Lycée de Mont-de-Marsan
Membre de la Société de Géographie

PARIS
LIBRAIRIE DE L. HACHETTE ET Cⁱᵉ
Boulevard Saint-Germain, N° 77.

1869

—

L'AFRIQUE AUSTRALE

—

MESDAMES, MESSIEURS,

Étranger parmi vous, j'ose réclamer toute
votre bienveillance au nom des lois de l'hos-
pitalité. J'en ai besoin plus que personne.
Vous l'avez accordée à d'autres, qui y avaient
des droits sérieux. Ma seule recommandation,
auprès de vous, est mon désir sincère de
concourir, dans la faible mesure de mes for-
ces, à l'œuvre généreuse que poursuit l'*Association philomathique*. Je me plais tout d'abord
à rendre un respectueux hommage aux hommes de talent, de courage et de cœur qui ont
doté la ville de Bayonne d'une association
que toutes les cités voisines lui envient.

Voici le sujet précis de ma conférence.

l'Afrique australe; les colonies portugaises, hollandaises et anglaises; Livingstone, Baines, Baldwin; les indigènes et les Boërs.

I

Le premier peuple européen, qui mit le pied dans l'Afrique australe, fut le peuple portugais En 1804, Diego Cano découvrit le Congo ou Zaïre Dès 1575, la plus grande partie de l'Angolo fut conquise par Paul Diaz de Novaes. La colonie s'étendit peu à peu au Nord et au Sud. Elle comprend aujourd'hui toute la côte, depuis le rio Cacongo, près du cap Lopez. jusqu'au cap Frio. A l'intérieur, elle occupe un espace mal défini. Au-delà des montagnes parallèles au rivage, trois fleuves principaux l'arrosent, navigables sur une grande étendue de leur cours : le Congo ou Zaïre, le Coanza et le Cumène ou Nourse. Au nord les royaumes indigènes de Loango, de Cacongo et de Congo sont plus ou moins dépendants du Portugal Au centre, dans l'Angola, s'élève la ville de St-Paul-de-Loanda, fondée en 1578, visitée par Livingstone, en 1854. Elle n'a guère que 5,000 habitants. C'est pourtant la métropole des établissements portugais. Il y a un évêque, un gouverneur, une garnison. Livingstone y vit de belles églises en partie ušées. Il affirme, sans doute d'après les confidences des autorités du pays elles mêmes, que la ville est considérée comme un lieu de déportation. On peut en dire autant de St-Philippe-de-Benguela, peuplée de 4,200 habitants et située au sud de la précédente. Un seul port, fondé depuis 25 ans à peine, celui de Mossamèdes, est devenu rapidement très prospère.

Voilà pour les villes. Qu'elles sont peu de chose en comparaison de la nature exubérante de force et de vie qui les entoure et les écrase pour ainsi dire ! Partout le soleil verse à flots des torrents de feu, et le sol serait bientôt desséché, sans les rosées abondantes des nuits, les cours d'eau rapides qui descendent des montagnes, et surtout les pluies périodiques qui commencent à la fin d'octobre et inondent les terres, en donnant à la végétation une incroyable fécondité. On entend en quelque sorte le bruit de la création : on voit les végétaux sortir de terre, grandir, fructifier, mûrir. Des milliers d'animaux animent la plaine et font retentir les forêts de leurs cris ; des bandes de singes courent de branche en branche; des troupeaux de charmantes gazelles paissent dans les clairières. Au loin rugit le lion et sur le bord des eaux dort (ne vous y fiez pas), dort paresseusement le crocodile. Des oiseaux étincelants voltigent dans les taillis ; des myriades d'insectes obscurcissent l'air. Des reptiles, des serpents de toute espèce se glissent dans l'herbe.

Sur le bord opposé de l'Afrique Australe, à l'Est, en face de la grande île de Madagascar (dont je n'essaierai pas de vous parler ce soir, de peur d'en dire trop long), les Portugais possèdent une seconde colonie moins importante que la précédente, la Capitainerie générale de Mozambique. Elle s'étend depuis le cap Delgado, près de l'embouchure de la Rovouma, jusqu'à la baie Delogoa, près de l'embouchure du Limpopo. Toute la côte orientale fut reconnue pour la première fois en 1497, par Vasco de Gama, qui y jeta les fondements d'une domination fort vaste, qui s'est peu à peu resserrée dans les limites actuelles. La capitale est Mozambique, au nord, peuplée de 8,000 habitants, et située dans une île petite et insalubre. C'est le principal débouché du commerce de la côte. Au Sud est Quillimané, sur la branche septentrionale du Delta du Zambèze, le plus grand fleuve de l'Afrique Australe. Tété, avec ses mines de houille, Senna dans une situation très malsaine, sont d'autres postes portugais sur le fleuve. Quant à Sofala, ce n'est qu'un assemblage de huttes gardées par un fort croulant, bâti au XVI° siècle.

En résumé, les possessions portugaises de l'Afrique Australe occupent une étendue considérable que l'on peut évaluer à 130 millions d'hectares, dans un des plus riches pays du globe. Elles sont peuplées de 2,300,000 habitants environ. Elles sont considérées comme provinces du Royaume, et ont cet avantage, sur beaucoup de colonies européennes, qu'elles envoient leurs députés aux Chambres de la métropole. Un conseil d'Outre-mer, *Conselho ultramarino*, composé d'anciens ministres, examine les questions coloniales et publie des Annales estimées. Cependant on s'accorde généralement à reconnaître que ces colonies ne sont point prospères. Pourquoi !

Pourquoi, Messieurs. Parce que les indigènes sont sauvages et paresseux, les colons rares et peu disposés au travail; parce que l'instruction publique est malheureusement négligée, parce qu'il y a très peu d'écoles. parce que la marine est insignifiante et la police du littoral mal faite, parce que des droits de port. des frais accessoires considérables, l'obligation de payer à un consignataire du pays la somme de 100 dollars par mât (517 francs environ) entravent les relations avec l'Europe et l'Amérique. Mais les colonies portent surtout la peine de leur passé : le système colonial et la traite. Exploiter sans pitié un pays lointain, parce qu'il est lointain; arracher aux indigènes leur or, leur argent, les productions précieuses de la contrée; aux colons les misérables fruits de leur travail, leur interdire soigneusement toute relation avec d'autres qu'avec la métropole, fût ce même avec leurs plus proches voisins, leur dé-fendre toute industrie, — et en dédommage-

ment des souffrances inséparables de cette
égoïste et jalouse tutelle, leur envoyer chaque année le rebut des produits industriels
de la métropole, les forcer à n'être qu'un
marché docile, qu'un débouché toujours ou-
vert, que des acheteurs complaisants. — voilà
quel fut jadis le système colonial ! Dévaster
un pays pour s'emparer de ses habitants, sous
prétexte que nous sommes blancs et qu'ils
sont nègres, briser tous les liens des familles,
séparer brutalement le mari de la femme,
la fille du père et la mère du nourrisson,
entasser ces malheureux sur des navires, dans
des entreponts fétides et sans air, et aller
bien loin ensuite dans un pays riche, peu-
plé de maîtres cupides ou de paresseux ty-
rans, vendre au plus offrant ce bétail esclave,
puis jouir quelque part en honnête homme de
cet argent honnêtement acquis, entouré de la
considération et de l'estime publiques, — voilà
la traite !

On nie le progrès des idées morales. Eh
Messieurs, je ne veux que cette preuve au
contraire, de leur indiscutable progrès. Les
plus doux esprits des siècles derniers trou-
vaient le système colonial fort légitime, et ne
songeaient guère que la traite fut odieuse ou
barbare. Qui donc de nos jours oserait soute-
nir comme juste le monopole colonial? Qui
donc tendrait volontiers la main à un négrier,
ou à un marchand de chair humaine !

La traite fit jadis honteusement la prospérité des colonies portugaises. Sa suppression a causé leur décadence. Je m'empresse d'ajouter que la nation portugaise, pour laquelle Livingstone n'est pas toujours complètement juste, a répudié aujourd'hui loin d'elle ce triste passé. La traite, malheureusement tolérée encore sur bien des points, est empêchée, partout où le gouvernement peut se faire obéir. L'esclavage subsiste, mais tempéré et adouci. L'abolition en est décrétée en principe et doit être réalisée en fait en 1878. Le Portugal sera ainsi la sixième puissance européenne qui aura détruit ce mal hideux de l'esclavage. Notre glorieuse patrie l'abolit la première sous la Convention en 1794. Le Consulat, en 1801, le rétablit ; mais 1848 le supprima définitivement. Le Danemarck en 1803 ; l'Angleterre en 1807 et 1833 ; la Hollande en 1859 ; les États-Unis en 1865, ont suivi l'exemple donné par la Révolution française, et le jour n'est pas loin non plus où notre voisine, l'Espagne, pourra émanciper à son tour ses esclaves coloniaux, comme elle en a manifesté formellement le désir. Puissent les nations européennes, unies bientôt dans un même esprit, chasser la traite et l'esclavage des derniers pays (trop nombreux encore), dans lesquels ils sont consacrés par l'habitude et protégés par les lois, ou plutôt par l'absence même des lois

II

Les Portugais, Mesdames, Messieurs, dont nous avons vu les établissements échelonnés sur les côtes occidentale et orientale de l'Afrique Australe, ne songèrent point à s'établir au Sud, près du Cap redoutable qu'ils avaient tourné. Maltraitant les naturels, détestés par eux, ils crurent que ce pays n'était bon à rien ; ils l'abandonnèrent. Sous la reine Elisabeth, quelques vaisseaux anglais abordèrent au cap de Bonne-Espérance. Ils en prirent possession selon la forme usitée, et y déposèrent trois hommes condamnés à mort en Angleterre. Quelques années après, un vaisseau anglais relâcha de nouveau au cap. Les trois déportés supplièrent leurs compatriotes de les ramener dans leur terre natale, pour y être pendus au besoin, plutôt que de les laisser plus long temps dans ce pays maudit. Ces malheureux furent écoutés, rendus à leur patrie : seulement, on ne les pendit pas. Mais les Anglais renoncèrent à leur projet de coloniser le cap, et choisirent l'île Ste-Hélène comme point de relâche sur la route de l'Inde.

En 1600, les Hollandais arrivèrent à leur tour. Moins facilement découragés que les Anglais, ils bâtirent un fort et établirent une station près du Cap. Cependant, la nouvelle

colonie restait stationnaire et presque à l'a-
bandon, lorsqu'en 1648, elle fut visitée par
un chirurgien de marine, nommé Jean Van de
Riebeck, dont le nom mérite d'être sauvé de
l'oubli Riebeck était un homme hardi, industrieux, éloquent, et qui plus est, ce nous semble, un homme de cœur. De retour en Hollande,
il plaida la cause de la colonie et fut assez
heureux pour la gagner auprès de la Compagnie. Il reparut au cap, en 1652, avec le titre
de commandant en chef. Quatre vaisseaux
apportaient des ouvriers, des colons ; ils
étaient chargés d'outils, de matériaux de toute
sorte, de marchandises propres à être échan-
gées avec les sauvages. Riebeck, par sa douceur et son humanité, eut vite conquis l'amitié
des Hottentots. Il leur acheta des terres, leur
offrit du travail qu'ils acceptèrent, les soigna
dans leurs maladies. Les plaines furent défri-
chées, un fort fut construit à l'entrée de la
rade, des chemins furent tracés. Des habita-
tions à l'européenne s'élevèrent au milieu des
plantations de riz, de maïs, de millet, de pa-
tates, d'ignames. Des troupeaux remplirent
les pâturages. La colonie du cap était fondée.
    Vers le même temps, Louis XIV, envahis-
sait la Hollande, pour venger son orgueil
offensé et satisfaire son ambition ; et la Hollande n'échappait à la servitude qu'en appe-
lant à son secours l'inondation, et en ouvrant
elle-même ses digues à l'Océan. Quelques
années plus tard, ce même Louis XIV, poussé

par un vain désir de domination religieuse,
révoquait l'Edit de Nantes, et dispersait partout les protestants français. Parmi les nombreux fugitifs, plusieurs vinrent chercher un
asile jusqu'au cap de Bonne-Espérance. La
colonie naissante, oubliant tout esprit de na-
tionalité étroit et jaloux, dédaignant toute
rancune, adopta ces Français malheureux. Cer-
tes, on peut admirer Louis XIV, et reconnaître
qu'en plusieurs occasions il donna l'exemple
d'une intelligence élevée et d'un ferme carac-
tère. Mais en vérité, si nous mettons en paral-
lèle la fondation pacifique du Cap, par Riebeck,
d'une part, et l'invasion de la Hollande, par
Louis XIV de l'autre, qui donc, devant la pos-
térité impartiale, aura l'avantage ? Et si à
la révocation de l'Edit de Nantes nous oppo-
sons l'accueil fait par les Hollandais de l'Afrique Australe aux protestants Français fugitifs,
quelle conduite vous semblera la plus noble
et la plus vraiment chrétienne ?

La générosité de la colonie lui porta bonheur. Elle prospéra rapidement. Aussi, en
1795, à la faveur des guerres de la Révolution,
les Anglais vinrent-ils s'en emparer. Ils furent
forcés de la rendre, à ses légitimes proprié-
taires, lors de la paix d'Amiens en 1802. Ils
la reprirent de nouveau en 1806, et finalement
en 1815, au traité de Vienne ; ils ont eu (soyons
polis)... l'habileté de la garder.

Tous les voyageurs sont frappés du coup
d'œil magnifique que présente la ville du Cap,

ou Cape-Town, vue de la mer, à l'entrée de la rade. Le mont de la Table la domine. La masse blanche des maisons surmontées de terrasses s'étend au pied de la montagne du Lion qui s'élève à droite. A gauche, est la montagne du Diable, puis une vaste plaine, et tout autour de la ville, des jardins admirables entrecoupés de riantes villas. Le ciel y est pur ; le climat correspond à celui de l'Algérie centrale ; il est sain, chaud et agréable. La brise de terre, les vents de mer, le tempèrent, les moustiques sont inconnus. Un chemin de fer dessert déjà la banlieue, et une ligne de 92 kilomètres unit la ville du Cap à Wellington. Les rues, il est vrai, sont macadamisées et partant désagréables, boueuses pendant les pluies, poudreuses le reste du temps. Le port n'est qu'une rade peu sûre pourvue de trois jetées, où les vaisseaux débarquent difficilement, parce que la mer est presque toujours houleuse. Trente mille âmes habitent la ville du Cap. La population se compose d'Anglais, de Hollandais, de Hottentots, de Cafres, de Malais et de Nègres. Les Français se sont complétement mêlés et fondus avec les Hollandais.

La colonie est divisée en deux provinces : celle de l'Ouest, chef-lieu du Cap ; celle de l'Est, chef-lieu Graham's-Town, distantes, l'une de l'autre de 200 lieues. Chaque province est divisée en une dizaine de districts. Le tout est administré par un gouverneur nommé par la couronne anglaise, assisté d'un conseil exécutif. Mais une large part est faite à l'autonomie nationale : deux chambres, l'une de quinze, l'autre de quarante-six membres représentent au Cap et en miniature la chambre des Lords et celle des Communes, — si bien que la colonie peut se considérer à peu près comme indépendante. C'est là, sans doute, le secret de son attachement à la métropole. Les chaînes qui l'unissent à elle sont si légères qu'elle ne songe pas à s'en débarrasser.

Rien de plus civilisé, d'ailleurs, que cette colonie africaine. Des navires de Boston y apportent régulièrement de la glace recueillie dans les plaines du Nord de l'Amérique. Sociétés d'agriculture, banques, institutions de crédit, imprimeries, journaux importants, écoles, bibliothèques, chambres de commerce, tout y rappelle l'Europe. Il y a même un Observatoire au Cap, et au port Elizabeth un Jardin d'acclimatation. Aussi, la colonie a-t-elle atteint une prospérité remarquable. Ses chevaux, ses vins, ses laines sont connus de tout le monde ; sa richesse s'accroît de jour en jour.

Ce n'est pas tout. Les Anglais ont occupé depuis 1842, sur la côte de l'Océan indien, l'ancienne colonie hollandaise de Port-Natal. Quoique toute récente, elle compte déjà 220,000 habitants. Tous les voyageurs, et après eux tous les géographes, vantent ses mines de houille, ses vastes forêts, ses beaux pâturages, ses immenses troupeaux, son climat tempéré et sain. A quelque distance de la vieille capitale Pietermaritzburg, s'est élevée rapidement le long d'un excellent mouillage, la charmante ville d'Urban.

Tout récemment, la province de Natal s'est annexé un territoire important, mesurant 900 milles carrés et situé entre la rivière d'Umtantouma et celle d'Umsimkoulou, qui formait auparavant la limite méridionale du Natal. Le nouveau district, appelé aujourd'hui *Cafrerie Britannique*, était connu sous le nom de *No man's Land*, la terre sans maître.

Cette possession nouvelle, abondante en prairies qu'arrosent de nombreux cours d'eau, relie plus intimement Port-Natal à la province de l'Est, au Port-Elisabeth et à la ville de Graham.

Enfin, les Anglais viennent d'occuper sur la côte ouest un groupe de petites îles à guano frais, dont la principale est celle des pingouins. Ces animaux, dit un témoin oculaire, y sont en si grande quantité, qu'il serait impossible d'en mettre un de plus.

Telles sont, messieurs, les colonies anglaises de l'Afrique australe.

Soyons justes! Un peuple qui réunit sous sa domination le Canada et la Gambie, l'Australie et la Colombie, les plus florissantes Antilles, l'Indoustan, une partie de l'Indo-Chine, un peuple qui a des comptoirs sur toutes les côtes et dont le pavillon flotte sur toutes les mers, n'est pas seulement une riche et habile compagnie de marchands, c'est un grand peuple aussi.

Les Anglais doivent leur immense empire colonial à diverses causes qu'il importe de se rappeler. Patients, tenaces, intrépides, entreprenants, ils semblent nés pour les voyages. Leur race expansive et féconde n'a cessé d'accroître une population dont le trop plein a toujours fourni de nombreux colons. Leur situation insulaire les a forcés de bonne heure à être marins et commerçants. Leur climat brumeux, en les privant des richesses faciles que fournissent les pays méridionaux, les a rendus industrieux ; et pour vendre les produits de leur industrie sans cesse accrue, ils ont dû s'ouvrir à tout prix des marchés sur tous les points du globe. Leur esprit admirablement pratique leur a fait trouver ce qui convient à chaque contrée, et ils ont su se plier avec adresse aux moindres désirs de leurs innombrables clients. Ils sont arrivés par la notion exacte des intérêts à une notion de plus en plus exacte des droits réciproques des individus et des peuples. On les a vus proclamer des premiers la nécessité d'abolir la traite et d'affranchir les noirs. Les premiers de tous, on les a vus émanciper leurs colonies, et leur accorder les plus larges concessions politiques ; les premiers encore, affirmer le grand principe de la liberté des échanges Un de vos enfants, dont je cite le nom avec bonheur, Frédéric Bastiat, qui est aussi landais par le long séjour qu'il a fait à Mugron, Bastiat, dis-je, se plaisait plus que personne à rendre justice au génie anglais. Avant tout le monde, vous le savez, il parla en France de libre échange et fit connaître la fameuse *Ligue* organisée en Angleterre par Richard Cobden, qui devint son ami. Laissez-moi le dire en passant : N'était-il pas surprenant que dans un temps où ces principes de libre échange ont pleinement triomphé, leur plus illustre apôtre, n'eût reçu encore aucun hommage public de reconnaissance ? N'était-il pas regrettable, qu'à une époque où tant de statues s'élèvent, celle de Bastiat n'eût pas encore été dressée, soit à Mugron, sa patrie d'adoption, soit à Bayonne, lieu de sa naissance et séjour de ses jeunes années ? J'apprends avec joie que cette longue négligence va être enfin réparée Un peuple s'honore lui-même, messieurs, en honorant les grands esprits et les bons citoyens.

III

Il est temps, de sortir des colonies européennes et de franchir le seuil de la barbarie, à la suite des voyageurs qui nous ont fait connaître tout récemment l'intérieur de l'Afrique Australe. Laissez-moi d'abord vous présenter nos compagnons de route. Ils se nomment David Livingstone, Thomas Baines et Baldwin. J'aurais pu en recruter un plus grand nombre. Les limites de cette conférence m'ont forcé à un choix restreint ; je me contenterai de signaler à votre curiosité les récits du voyageur hongrois, Ladislaüs Magyar, qui parcourt en ce moment encore l'Angola, et a, dit-on, complètement adopté la manière de vivre des indigènes ; le livre du vénérable missionnaire Moffat, le beau-père de Livingstone, et son prédécesseur dans l'Afrique Australe ; les explorations de Francis Galton dans la Cimbébasie ; celles du naturaliste suédois, Charles Anderson, et plusieurs autres qu'il faut taire, sous peine d'énumérations aussi fastidieuses qu'inutiles.

Livingstone... Oh ! mesdames, messieurs, je ne saurais nommer Livingstone qu'avec l'admiration la plus sincère et la sympathie la plus émue. Ce noble cœur aurait-il cessé de battre ? Cette vie pure, irréprochable, consacrée tout entière au bien et à la charité serait-elle à jamais tranchée ? Cette question cruelle, hélas ! depuis bientôt deux ans, n'est pas encore résolue (1).

David Livingstone est Écossais. Son père était un honnête ouvrier de la manufacture de Blantyre-Works, près de Glascow, sur les

----

(1) *La Société de Géographie de Paris* a reçu depuis, des nouvelles de Livingstone, qui ont en partie rassuré ses amis et ses nombreux admirateurs. Le 14 décembre 1867, il se trouvait en bonne santé, sur le bord oriental du lac Tanganayka.

bords de la Clyde. Agé de dix ans à peine, le pauvre petit David était déjà rattacheur et gagnait sa vie. Mais Dieu avait mis dans cette jeune âme une volonté indomptable. Il apprit seul ses auteurs, tout en surveillant la machine, se fit recevoir docteur en médecine, et entra dans les Missions. Noble exemple, Messieurs, qui doit donner courage à ceux qui, parmi nous, luttent contre l'ignorance et la pauvreté.

En 1840, il débarquait au Cap. De là, il se rendit à la baie d'Algoa, décidé à s'ouvrir à travers les sauvages un chemin vers le Nord. Il alla d'abord auprès de M. Moffat à Courouman, et se mit bravement à l'étude ardue des idiômes indigènes. Il traduisit les Ecritures en langage Betjouana, séjourna successivement à Litoubarouba, puis à Mabosta, en 1843, et enfin à Colobeng, évangélisant les Africains, s'initiant peu à peu à leurs usages, aimé, respecté de la plupart d'entre eux.

Découragé par la sécheresse et la famine qui sévissaient cruellement dans le pays, il conçut en 1849 le plan d'un grand voyage vers le Nord. Accompagné de MM. Oswell et Murray. il traversa le désert de Calahari, et le 1ᵉʳ août de la même année, il découvrait le lac N'gami. Le chef du lac Lecoulatébé l'empêcha d'abord de continuer sa route. Mais en 1850, il revint à la charge et parvint à pénétrer jusque chez les Cololos. En juin 1851, il découvrait le Zambèze, dont personne n'avait encore soupçonné l'existence au cœur de l'Afrique Australe.

Il avait jusque-là conservé près de lui sa famille Il se décida à la ramener au Cap et à la renvoyer en Europe, afin de continuer seul et plus librement sa route. En 1852, nous le retrouvons à Colobeng, et l'année suivante, il est de retour chez les Cololos. Par sa douceur, sa bonté, sa patience inaltérable, il avait su conquérir complètement l'amitié de cette puissante tribu, et surtout celle de son chef, Sékélétou. Il leur fit comprendre l'utilité qu'ils pourraient retirer de relations suivies avec les Européens ; et vers la fin de novembre 1853, il quittait Linyanti, l'une des villes principales de la peuplade, avec une escorte de Cololos. Il s'agissait d'ouvrir une route commerciale entre le Zambèze et Saint-Paul de Loanda. Linyanti est près de la Tchobé, considérée par quelques-uns comme le vrai Zambèze. Livingstone descendit la Tchobé jusqu'à son confluent avec une grande rivière appelée la Liambaye. Il remonta la Liambaye, puis son affluent la Liba, et arriva bientôt, en janvier 1854, au lac Dilolo. Il constata avec étonnement que ce lac se déverse à la fois à l'Ouest et à l'Est, d'une part vers le Zambèze et l'Océan Indien ; de l'autre, vers le bassin du Congo et l'Océan Atlantique. Voici ce que racontent les indigènes sur ce lac Dilolo :

Jadis une femme inconnue, Moéné Monenga, vint au village demander à manger à

Mosogo. Mosogo était à la chasse Mais la femme de Mosogo était bonne ; son cœur fut ému; elle donna à manger à la mendiante. Celle-ci, ayant mangé, poursuivit son chemin. Elle arriva bientôt à un village voisin. Là, les habitants étaient mauvais et sans cœur ; elle fut accueillie par des cris, des injures ; tous lui refusèrent la nourriture qu'elle implorait. Alors Moéné Monenga se mit à chanter. On fit cercle autour d'elle et les rires continuaient. Elle chanta, chanta ; tout-à-coup le village s'affaissa peu à peu, et sombra enfin avec tous ses habitants dans un grand lac dont les eaux couvrirent tout le pays. Moéné Monenga resta seule sur la rive. Cependant, Casimacaté, le chef du village, était à la chasse ; quand il revint, il ne trouva plus que les eaux bleues à la place de sa tribu. Un grand désespoir s'empara de lui, il se précipita dans le lac. Or, le mot *ilolo* signifie désespoir dans le langage de la contrée ; et voilà pourquoi ce lac s'appelle le lac Dilolo.

Après de nombreuses difficultés, Livingstone franchit le Congo, et en avril 1854, mit le pied dans la colonie portugaise, où je vous avais signalé son voyage. Arrivé malade, il parvint à se guérir à St Paul de Loanda, séjourna plusieurs mois dans la colonie, et vers le mois de septembre 1855, il était de retour à Linyanti.

Les Cololos avaient vu la mer, des maisons de pierre, des hommes blancs en grande troupe, des canons, des vaisseaux. Ils revenaient émerveillés de leur expédition. Livingstone n'eut pas de peine à les entraîner à un second voyage, destiné cette fois à ouvrir la route du bas Zambèze, vers la côte de Mozambique.

C'est au début de cette expédition nouvelle que Livingstone, le 17 novembre 1855, découvrit les fameuses chutes *Chongoué*, ou *Mosi-Oa-Tounyaa* (la fumée tonnante), qu'il baptisa du nom de sa glorieuse souveraine, la reine Victoria. Il n'eut que le temps de les apercevoir. Son escorte était pressée de descendre le fleuve. Après deux mois d'une pénible route, il parvint aux premiers postes portugais, puis à Telé, à Senna, et enfin à Quillimané, d'où il s'embarqua pour l'île Maurice. Il avait résolu d'emmener avec lui Sécouébou, le chef de son escorte de Cololos. Le pauvre Sécouébou était plongé dans une admiration constante depuis qu'il vivait parmi les Européens. Ses étonnements amusaient tout son entourage. Lorsqu'arrivé à Maurice, il mit le pied sur un bateau à vapeur, qui marchait seul sans voiles ni rames, la surprise, la secousse furent trop fortes. Sécouébou perdit la raison, il se jeta à la mer. Bon et naïf Sécouébou ! nul ne lira le portrait tracé de lui par Livingstone, sans être attendri par sa mort.

Ainsi, Messieurs, était dévoilé le grand secret de l'Afrique Australe. Le véritable cours du Zambèze, la configuration du grand plateau d'où s'échappent en tout sens de larges cours d'eau, Livingstone venait l'annoncer à l'Europe. Un autre se serait contenté de jouir paisiblement de sa gloire, heureux d'avoir échappé cent fois à la mort Mais le docteur n'est point de ceux qui abandonnent une entreprise commencée.

Le 1ᵉʳ mars 1858, une expédition partit de Londres, composée de MM. Kirk, Thornton, de Livingstone et de Charles Livingstone, son frère. Elle devait, sur un bateau construit à cet effet, remonter le cours du Zambèze. Les sauvages, dans leur naïve reconnaissance pour Mᵐᵉ Livingstone, l'avaien: appelé *Ma-Robert*. Ce fut aussi le nom du bateau. Mais le Ma-Robert était mal construit, et sa machine fonctionnait difficilement. ce qui le fit bientôt surnommer l'*Asthmatique* On ne put d'ailleurs dépasser au-delà de Teté, les cataractes de Kébrasa. En attendant un autre bateau demandé au gouvernement anglais, l'expédition changea alors d'itinéraire. et se mit à remonter la Chiré, grand affluent de gauche du Zambèze et qui coule du Nord au Sud Là on trouva des cataractes encore. celles de Mamvira, qui furent appelées cataractes de Murchison, en l honneur de l'illustre président de la Société de Géographie de Londres. Personne dans l'Europe savante ne prononce sans respect le nom de l'éminent géologue, qui, avant même les découvertes de Livingstone, avait deviné la configuration intérieure de l'Afrique Australe.

Arrêté par les cataractes, Livingstone, accompagné du docteur Kirk, laissa là ses compagnons et partit à pied dans la direction du Nord. Le 18 avril 1859, il trouva le lac Chiroua, qui se déverse dans la Chiré, et enfin parvint au grand lac ou Nyassa des Maravis, dont il était question depuis longtemps dans les hypothèses géographiques, mais que personne n'avait encore vu. Il revint exténué au Ma-Robert et de là à l'embouchure du Zambèze.

Le 15 mai 1860, toujours infatigable, il reprend le chemin de l'intérieur avec ceux des Cololos qui consentent à rentrer dans leur pays. Il voit de nouveau les gorges de Kébrasa dont deux piliers géants forment le porche. Il se rend ensuite aux chutes Victoria, où il rencontre Baldwin.

Baldwin, le chasseur Baldwin arrivait du Cap. C'est un tout autre homme que Livingstone, quoique Anglais comme lui. Voici son histoire en peu de mots. De sa plus tendre enfance il se rappelle surtout une chose, son amour désordonné pour la chasse. Son père l'ayant mis en pension, il en sortit le plus tôt possible, pour entrer dans le commerce. Mais le goût des chiens, des chevaux, des carabines s'accorde mal avec la tenue des livres. On pensa que le jeune Baldwin serait peut-être plus apte à l'agriculture. Envoyé en Ecosse, il chassa, chassa sans relâche, sur un vaste domaine qu'il devait diriger ; d'études agricoles, il n'en fit pas En même temps il lisait les récits de chasse de Gordon Cumming. Si bien qu'un beau jour, il partit pour Natal, en 1851, décidé à goûter à tout prix de la vie aventureuse des chasseurs d'éléphants. Il dut s'engager d'abord au service d'un entrepreneur de chasses, qui parcourait le pays des Zoulous, les bords de la Tonguéla et de l'Omphilosie, à la recherche de l'ivoire. Il tua force éléphants, force hippopotames, force crocodiles, sans parler du menu gibier. Il faut lire le récit émouvant des incroyables dangers qu'il affronta. De neuf chasseurs qu'ils étaient, deux revinrent. En 1855, il chasse pour son compte, chez les Zoulous toujours, et ainsi pendant plusieurs années, risquant de mourir de faim, jouant avec la fièvre, tirant pour s'amuser sur les buffles et les lions Puis il hange de direction, et en 1857 va chez les Boërs, où nous le retrouverons Peu à peu, il étend ses courses vers le Nord, à travers le désert de Calahari et les contrées voisines, et se rapproche peu à peu du Zambèze, sans cesser de poursuivre l'ivoire et partant les éléphants Chaque année il rentre au Sud avec son butin, le vend, achète des bœufs qu'il revend plus loin, et amasse ainsi une fortune, qui ne le rend ni plus amoureux du repos, ni moins dur à lui même, ni plus prudent. Il semble même s'endurcir à ce rude métier. N'attendez de lui ni la douceur, ni la patience de Livingstone. Ses serviteurs Cafres le quittent souvent à cause de ses accès de colère. Son humanité va jusqu'à adopter de pauvres négrillons abandonnés. Mais il a de la peine à considérer les indigènes comme des hommes, et leur refuse en tout cas toute égalité avec les blancs Ainsi toujours chassant, mais déjà peut-être un peu lassé de la monotonie de la chasse dont il a épuisé toutes les émotions, il arrivait en août 1860, aux chutes Victoria. Il était après Livingstone le second Européen qui les visitât. Deux ans plus tard, nos deux explorateurs s'y seraient rencontrés avec Baines, le troisième voyageur que j'ai promis de vous présenter.

Si Livingstone est un missionnaire et Baldwin un chasseur, Thomas Baines a son originalité à part. C'est un peintre, un artiste avant tout Il fut attaché en 1858 en qualité de dessinateur à l'expédition du Zambèze dirigée par Livingstone, la quitta au bout de trois ans et revint malade se soigner au Cap. De là il partit pour la baie de Valfich, ou baie des baleines, située sur la côte de l'Atlantique au Sud de l'Angola, au Nord de l'Orange. Une route commerciale était déjà tracée entre cette baie et le Zambèze. Baines suivit en amateur l'expédition de son ami Chapman qui allait trafiquer dans l'intérieur. Quand on a lu Livinsgtone, le récit de Baines semble froid, bien que la route qu'il parcourt soit nouvelle. L'absence d'eau, les maladies du bétail, les piqûres des plantes épineuses, la barbarie et la mauvaise foi des indigènes, sont le thème ordinaire du Journal de Baines. Il n'a ni l'admirable bonté du docteur-missionnaire, ni les emportements et les élans de générosité du chasseur. Toujours intéressant quand il décrit, il est ennuyeux lorsqu'il disserte. Il semble même préoccupé trop vivement parfois du désir de contredire le maître, Livingstone. Baines a réservé d'ailleurs tous ses traits les plus soignés, ses couleurs les plus vives pour la peinture des chutes Victoria. C'est à la contemplation de cette merveille que tout nous amène à la fois.

Mesdames, Messieurs, figurez-vous un fleuve large de 1600 mètres coulant au fond d'une immense vallée encadrée de forêts séculaires. Tout d'un coup la masse de ses eaux disparaît, elle se précipite avec un grondement terrible dans une crevasse de 138 mètres de profondeur. Placez-vous, si vous le voulez bien, sur le bord opposé de la faille gigantesque produite jadis par quelque convulsion de la terre en travail. À gauche, un courant écumeux tombe en bouillonnant : c'est l'*eau qui se brise*. Il n'a qu'une cinquantaine de mètres de large. Il est resserré entre la rive droite du fleuve et la falaise *des trois ruisseaux*. (Au milieu, une nappe unie comme la glace, de 800 mètres de large, s'engloutit brusquement dans le noir précipice. Elle est séparée d'une seconde nappe presque aussi considérable par l'île *du Jardin* dont les palmiers et la verdure tranquille contrastent avec la couleur des eaux et le bruit épouvantable de leur chute. A droite enfin mille gros ruisseaux se rendent aussi dans l'abîme à travers les rochers. Regardez à vos pieds en vous avançant sur la pointe *des Buffles* ; une obscurité profonde et humide enveloppe le fond de la crevasse. Mais de son sein s'élèvent bien haut dans les airs des colonnes de vapeur produites par le prodigieux frottement des eaux. A certaines heures l'arc-en-ciel y peint ses éclatantes couleurs, et lorsque le soleil se couche, chacune de ces nuées humides prend l'apparence de flammes sulfureuses échappées aux entrailles même de la terre. Chose surprenante, un canal étroit, d'une vingtaine de mètres seulement en moyenne, sert d'écoulement à la masse immense des eaux du Zambèze, dont le lit atteint souvent 2 kilomètres de large au-dessus de la cataracte. Ce canal, ou plutôt cette fente étroite du rocher doit avoir une profondeur inouïe. Bientôt après, le Zambèze tournant brusquement à l'ouest, puis à l'est, puis de nouveau à l'ouest, et quatre fois ainsi sur lui-même, reprend peu à peu sa largeur première. De nombreux rapides, des cataractes de hauteur médiocre, marquent chacun des coudes du fleuve. On vante le Niagara, Baines et Livingstone n'hésitent pas à proclamer les Chutes plus imposantes et plus merveilleuses encore que cette fameuse cataracte,

Après avoir soigneusement étudié les Chutes. Livingstone se rendit à Séchéké où il trouva l'empire des Cololos en décadence : Sékélétou se mourait de la lèpre. Le docteur attristé par ce qu'il avait vu, redescendit le Zambèze, et après un naufrage qui manqua de tourner au tragique, revint en janvier 1861 aux bouches du fleuve.

Quelques jours après, un nouveau bateau, le *Pionier*, arrivait d'Angleterre. Cette fois, Livingstone entreprit de remonter la Rovouma, grande rivière tributaire de l'Océan Indien, au Nord du Zambèze. Il espérait arriver par cette voie au Maravi. Mais les eaux étaient basses, il dût renoncer à son entreprise. Il revint alors au Zambèze, à Tété. C'est dans une excursion au Nord de ce poste portugais qu'il fut témoin de toutes les horreurs de la chasse aux esclaves. Ces horreurs, Mesdames, Messieurs, elles ne sont que trop réelles. Le récit de Livingstone en fait foi Il prouve aussi malheureusement que la traite s'avance à l'intérieur sur les pas même des voyageurs européens. D'impitoyables recruteurs Arabes infestent toute cette région qui avoisine le Maravi. Des troupes d'hommes armés parcourent les campagnes, brûlent les villages, tuent les guerriers, emmènent les femmes, les enfants. De longues files de ces malheureux attachés les uns aux autres, impitoyablement mis à mort, s'ils tentent de fuir, sont conduits aux marchés de la côte, principalement à Quiloa et à Zanzibar. De là, ils sont dispersés dans tout l'Orient. Si le gouvernement portugais est impuissant à empêcher ce trafic odieux, les grandes puissances doivent-elles, peuvent-elles le tolérer ? Laissera-t-on quelques brigands dépeupler l'Afrique ? Les lâches ! Livingstone et sa troupe inoffensive suffirent à les mettre en fuite, et à délivrer des centaines de captifs. Quelques-uns de ces vaisseaux dont on est prodigue, quand la guerre éclate entre peuples frères, quelques-uns de ces soldats dont l'Europe regorge suffiraient à empêcher la traite à l'intérieur en détruisant impitoyablement tout marché d'esclaves sur la côte. Associons-nous au vœu de Livingstone qui convie notre patrie et la sienne à l'accomplissement de cette noble tâche Espérons que le percement de l'Isthme de Suez, œuvre gigantesque d'un français (dont la famille est originaire de Bayonne, me dit-on), M. de Lesseps, espérons, dis-je, que le percement de l'Isthme de Suez, en rapprochant de l'Europe les côtes orientales de l'Afrique, permettra aux puissances de s'opposer avec plus d'efficacité à la continuation de ces horreurs sanglantes.

L'époque à laquelle nous parvenons, est l'une des plus douloureuses qu'ait traversée le bon Livingstone. En 1862, il avait revu le lac Maravi, il l'avait exploré en partie, et il descendait le Zambèze, tout entier à la joie de deux bonnes nouvelles qu'il venait d'apprendre. Un nouveau bateau à vapeur, de petite dimension, la *Lady Nyassa*, lui était envoyé d'Angleterre ; et sa femme, qu'il n'avait pas vue depuis cinq ans, bientôt, venait le rejoindre. Tout-à-coup, Mme Livingstone tomba malade de la fièvre à Choupanga, et mourut entre les bras de son mari, le 27 avril.

Livingstone, brisé de douleur, après avoir enseveli lui-même celle qui pendant tant d'années avait partagé ses fatigues et accompagné ses voyages, quitta ces lieux funèbres. Il tenta une seconde fois, mais toujours en vain, de remonter la Rovouma et revint bientôt à la Chiré. Le 2 juillet 1863, il avait démonté la *Lady Nyassa*, et il s'apprêtait à la faire transporter au delà des rapides jusqu'au lac Maravi; il reçut brusquement une dépêche de lord Russell qui lui ordonnait le retour. Comme la saison ne permettait point de redescendre immédiatement le fleuve, il en profita pour aller explorer le lac une troisième fois. Il trouva sur ses bords une population active et douce, pourvue d'instruments en fer et d'inventions relativement avancées. Le 20 juillet 1864, il était à Londres.

Depuis cette époque, Livingstone est parti pour une troisième série de voyages. En 1866, il s'est rendu à Bombay et de là, vers le mois de juillet, à l'embouchure de la Rovouma. Il se proposait de compléter ses découvertes autour du lac Maravi, et d'aller explorer ensuite le haut bassin du Nil. Tout à coup, dans le courant de mars 1867, arrivèrent de Zanzibar des lettres sinistres. Plusieurs hommes de l'escorte de Livingstone étaient revenus et avaient rapporté qu'il venait d'être massacré par les indigènes. Il a été prouvé depuis, par une expédition envoyée à la recherche du docteur, que ces hommes, en effet, l'avaient abandonné, mais qu'ils avaient inventé à dessein le récit de sa mort. Quant au sort même du docteur, il reste enveloppé de ténèbres.

Vous le voyez, Messieurs, la géographie a ses martyrs, elle aussi. Dieu veuille du moins que notre infortuné compatriote, M. Le Saint, qui a succombé, l'an dernier, au seuil de l'Afrique Centrale, ait fermé cette liste héroïque et déjà trop longue. Dieu veuille que M. Lambert, dont vous avez entendu à Bayonne même les hardis projets, plante bientôt, au Pôle Nord, le drapeau français, et surtout en revienne sain et sauf. Dieu veuille enfin que le docteur Livingstone, dont j'ai essayé de vous faire connaître l'admirable vie, ait réellement échappé aux dangers que l'on redoute pour lui et soit bientôt rendu à l'Europe, inquiète de son sort.

D'après ce résumé rapide des découvertes de Livingstone, vous pouvez vous former une idée bien imparfaite, il est vrai, de la géographie générale de l'Afrique Australe. Il ne serait pas moins curieux d'étudier, avec l'excellent docteur, les différentes tribus indigènes. Malheureusement, ces questions ethnographiques sont beaucoup plus délicates, et pour cette partie du monde, encore très mal éclaircies.

Il semble prouvé cependant que trois grandes familles de peuplades habitent la région méridionale du vieux continent africain, le plus ancien de tous, vous diront quelques géologues, celui qui a subi, dans les époques primitives, le moins de transformation. Ces familles sont : les Hottentots à l'Ouest, les Betjouanas au Centre et les Cafres à l'Est. Aucune d'elles n'appartient au genre nègre proprement dit.

Les Hottentots sont couleur feuille morte. Ils ont la tête triangulaire, les pommettes saillantes, les lèvres grosses, le nez aplati, et... comment dirai-je? la partie postérieure des reins très proéminente. Baines fait d'eux quelque éloge, probablement parce que Livingstone semble les estimer assez peu. Leurs tribus misérables errent dans les déserts et les karrous ou vastes plaines du bassin de l'Orange, sous les noms de Damaras, de Namaquas, de Coranas et de Boschimans ou hommes des buissons. Ceux-ci occupent particulièrement le Calahari, et semblent être, dit Livingstone, les aborigènes de l'Afrique. Ils n'ont que des chiens pour animaux domestiques et se nourrissent à l'aventure de gibier, de racines, de fèves et de fruits. Ils se procurent du feu en frottant deux bâtons l'un contre l'autre. Leur saleté défie toute description et n'a d'égale que leur misère. Chose plus triste à dire, ces pauvres gens meurent de faim, la plupart du temps

Les Betjouanas occupent tout l'intérieur depuis l'Orange jusqu'au Zambèze. Livingstone les a très bien observés et décrits. Moins braves que les Cafres, et très inférieurs sous le développement physique, ils sont divisés en peuplades dont plusieurs, très connues depuis les explorations du docteur. Séchéli, un de leurs chefs, commande à Litoubarouba une des missions importantes du bassin de Limpopo. Lechoulatébé, le chef du lac N'gami parait aussi être un Betjouana. Ils tiennent le milieu entre les Hottentots et les Cafres. Toutefois ils ne sont guère plus propres que ces derniers, et leur seule manière de fumer soulève le cœur. Ils ont pourtant des jardins, des troupeaux, des villages formés de huttes cylindro-coniques rangées autour d'une place publique appelée Cotla. Leur probité est vantée par Baldwin, qui, il est vrai, confond parfois les tribus entre elles.

Les Cafres forment sans contredit la population la plus intelligente, et la plus belle de l'Afrique Australe. Ils habitent tout le vaste territoire compris entre l'Orange, les limites orientales du Calahari, la vallée du Zambèze et l'océan indien. Grands et forts, ils ont un teint couleur chocolat, des traits agréables. Ce ne sont donc pas des nègres, pas plus que les familles dont il a été question précédemment. Le pays des nègres ne commence, parait-il, qu'au nord du Zambèze. Les Cafres sont belliqueux, et leurs attaques ont maintefois mis en péril la colonie du Cap Ils sont industrieux, et savent fort bien travailler le fer; ils sont agriculteurs, et possèdent de vastes troupeaux. Leurs tribus sont très nombreuses. Les cruels Zoulous près de Natal, et leur chef Panda sont des Cafres. Les farouches Tébelés, dont le roi Mosilicatsi a pourtant été converti par M. Moffat, et qui habitent au sud du moyen Zambèze, les Tébélés sont des Cafres. Les Cololos, dont il a été souvent question, sont des Cafres aussi ; c'est la tribu préférée de Livingstone Il faut lire la curieuse histoire de cette peuplade formée par Sébitouané, un autre Romulus, qui ouvrit dans les rangs de ses soldats un asile à tous les fugitifs, à tous les bannis de l'Afrique Australe, gouvernée ensuite par Sékélétou, mort de la lèpre en 1864, et tombée en décadence complète depuis. Les rapprochements les plus inattendus surgissent à cette lecture ; et rien ne ressemble plus, par exemple, à l'éducation spartiate, que celle des jeunes Cololos, destinés à former les régiments ou *mopatos*, et durement dressés au fond des bois par les vieillards de la tribu à tous les exercices de la guerre.

Quant aux Gricouas, situés directement au nord de l'Orange, ce sont des métis issus de Hollandais et d'Africains et établis depuis 1770 environ hors de la colonie. Ils ont un prince qui en 1840 se nommait Waterboer, une capitale qui est Gricoua-Town, des écoles entretenues aux frais de la colonie du Cap. Ils sont en partie convertis, et aujourd'hui presque habillés. Dans un climat aussi chaud, et au milieu de tant de superstitions grossières, il faut leur savoir gré de si notables progrès.

Je touche au terme de mes développements. Accordez-moi la faveur de quelques instants encore. Permettez-moi une simple réflexion, et un dernier tableau

Ne vous est il point arrivé, Mesdames, Messieurs, de rêver parfois un grand, bien grand voyage, et d'envier le sort de ces heureux anglais qui semblent nés pour les courses hasardeuses et les lointaines excursions? N'y a-t-il pas eu dans votre vie quelqu'une de ces heures tristes où la vieille Europe paraît froide et maussade? Alors tout lien social semble lourd et gênant; l'amour du sol natal sommeille ou s'éteint; toute injustice éprouvée devient plus amère; tout spectacle odieux froisse plus douloureusement; toute peine est plus vivement sentie. Alors aussi l'imagination ouvre ses ailes et vole au pays des chimères. Elle montre au loin une nature fière et vigoureuse, une autre patrie meilleure; et le rêveur se prend à désirer de passer les mers, d'aller, à la suite des Livingstone, des Baines, des Baldwin, évangéliser les sauvages, dessiner à l'ombre des baobabs ou chasser la girafe et l'éléphant.

Si vous aviez à choisir dans l'Afrique Australe, plusieurs d'entre vous peut-être ne voudraient ni de la pure civilisation anglaise, ni de la pure sauvagerie des Hottentots ou des Cafres. En ce cas, c'est aux bords du Vaal qu'il faut porter vos pas; c'est parmi les *Boërs* que je vous conseille d'aller vivre. La fondation de leurs singuliers états a une histoire qui mérite d'être sue. Trait-d'union entre la vie barbare et européenne, ils résument en eux l'Afrique Australe comme ils en sont peut-être les futurs maîtres.

Les Boërs sont les paysans hollandais possesseurs primitifs du territoire du cap de Bonne-Espérance. En 1835, une grande partie d'entre eux résolut de se soustraire à la domination anglaise. Ils émigrèrent donc et allèrent s'établir au nord, sur les bords du fleuve Orange. Le gouvernement anglais ne put tolérer longtemps cette retraite peu flatteuse pour l'orgueil britannique, et, en 1848, il essaya de replacer sous le joug les Boërs récalcitrants. Une bataille fut livrée Boomsplatts : les Boërs furent vaincus. Les uns se soumirent à une sorte de protectorat, peu onéreux d'ailleurs, et restèrent près de l'Orange. Les autres franchirent le Vaal sous la conduite de Prétorius et allèrent plus au nord fonder la République transvaalique.

L'État des Boërs du fleuve Orange souffrait de sa sujétion. Après de longues querelles avec les Anglais, il parvint à faire reconnaître son indépendance le 23 février 1854. Il forme aujourd'hui la République d'Orange. La capitale est Bloemfontein, dont il est souvent question au début des expéditions cynégétiques de Baldwin. Le pays est partagé en quatre districts administrés par des *Landrsotes* et des conseils locaux ou *Hœmrades*. Le pouvoir exécutif est confié à un président ; les lois sont votées par une assemblée législative appelée *Volsraad*. Quarante mille Boërs ou Européens sont là, répartis sur un territoire de 180,000 kilomètres carrés, au milieu d'indigènes hottentots et betjouanas. Sur ces vastes plateaux couverts de riches pâturages, interrompus par des rangées de collines boisées, ils habitent des fermes où se réfugient, dans la mauvaise saison, leurs immenses troupeaux ; ils chassent, ils cultivent le coton, le café et toute sorte d'arbres fruitiers.

Moins nombreux et plus belliqueux que leurs voisins, les Boërs du Transvaal touchent, à l'ouest et au nord, aux tribus indigènes de l'intérieur. Ils sont séparés par les monts Drakenberg de Natal et du pays des Zoulous. Leur république est de moitié aussi grande que la colonie du Cap. La terre y est très fertile ; les cours d'eau très nombreux. Dans les pâturages, un bétail innombrable ; dans les buissons, mille oiseaux éclatants, et presque partout encore, des bêtes féroces de toute espèce ; de distance en distance, des *kraals*, ou campements de Cafres avec leurs huttes grossières ; des maisons couvertes de chaume, entourées de champs de blé et de haies de grenadiers ; un climat très sain, à 5,000 pieds d'altitude ; des pluies pendant l'été, c'est-à-dire pendant notre hiver à nous (n'oublions pas que nous sommes au-delà de l'équateur) ; un hiver charmant, sec et froid pendant le jour avec des froids la nuit ; quelques villes fort maigres çà et là, voilà le Trarsvaal. La République compte 20 à 25,000 citoyens libres et 250.000 indigènes réduits à une sorte de servage. Il y a un président, Prétorius, une assemblée représentative ou *Voksraad*, un conseil exécutif et diverses magistratures, dont je vous fais grâce. Le journal officiel de Prétoria, la capitale, doit publier pendant trois mois, les résolutions adoptées par la Chambre, après quoi, si personne n'a réclamé, elles ont force de loi. Le système est peu expéditif, mais n'en paraît pas moins ingénieux.

Baldwin qui a beaucoup vécu parmi les Boërs, en a tracé en courant un portrait curieux. Il les déclare généreux et largement hospitaliers. Chez quelques-uns, la table est excellente ; l'eau-de-vie du Cap n'y manque pas. Tir à la cible, courses de chevaux, musique, danse sont à l'occasion leur passe-temps. Mais leur passion favorite est la chasse. Beaucoup d'entre eux s'y enrichissent d'ailleurs en tuant des éléphants pour avoir leurs défenses dont l'ivoire, on le sait, est très précieux. Ils chassent donc et se battent à l'occasion cou-

tre leurs voisins. La vie chez eux est patriar-
cale. Lorsqu'un jeune homme veut faire la
cour à une jeune fille, il lui demande un en-
tretien qui lui est accordé d'ordinaire. Puis,
quand tout le monde est couché, dans la salle
même autour de laquelle sont placées les
alcôves derrière des rideaux, la jeune fille parait une chandelle à la main. La longueur de
la chandelle donne aussitôt à l'amoureux la
mesure du sentiment qu'il inspire. Car les
jeunes gens ne peuvent passer la *veillée* en-
semble qu'autant que la chandelle brûle. Dès
qu'elle s'éteint, il faut se séparer : c'est l'usa-
ge ; et l'on imagine alors avec quel soin jaloux
notre amoureux entretient la flamme, soigne
la mèche et empêche le suif de couler.

Les Boërs se marient très jeunes, vivent
longtemps, ont une nombreuse famille. Les
pauvres travaillent et sont peu nombreux.
Leurs besoins d'ailleurs sont restreints : des
épices, des images, de grosses étoffes velues
dites *peau de taupe*, de la poudre et du plomb,
voilà tout ce qu'ils achètent au dehors. Ils
fabriquent eux-mêmes tout le reste. La dot
de l'épousée consiste en un troupeau de va-
ches, de chèvres et de moutons. Le mari
apporte de son côté un chariot, un attelage,
douze bœufs et quelquefois un cheval de
selle. Le Calvinisme est la religion dominante:
les sectes les plus diverses vivent en paix côte
à côte. Le repos du dimanche est soigneusement observé. Ces jours là, les Boërs ne savent

trop que faire ; ils s'amusent à tailler des bûchettes, ou fument leurs pipes en buvant force café et eau-de-vie Hélas ! oui, ils sont peu civilisés. C'est là le revers de la médaille, et Balwin déclare qu'ils n'ouvrent jamais un livre, sont superstitieux, et que leur propreté laisse parfois à désirer. Quant à leur pays, il n'en dit point de mal, et vante surtout avec enthousiasme la beauté du district de Mérico, situé à l'Ouest, à la limite des possessions transvaaliennes.

Ne vous semble-t-il pas qu'un grand avenir est réservé aux Boërs, Messieurs ? Cette race jeune, énergique, ne serait-elle pas destinée à régénérer la vieille Afrique Australe et à absorber les Anglais eux-mêmes, bien que l'opinion générale regarde déjà la colonie du Cap comme la maîtresse incontestée de tout le bassin intérieur du Zambèze ?

Les nouvelles les plus récentes ne sont pas de nature à changer cette manière de voir. La république de Transvaal d'une part, vient de s'annexer à l'Ouest un territoire trois fois aussi grand que celui qu'elle occupe Les Anglais sont indignés ; ils accusent les Boërs de chasser aux esclaves ; la guerre est peut-être imminente. Il paraîtrait, en outre, que cette même république de Transvaal s'est donné un port des plus sûrs et des plus beaux sur l'Océan indien, en occupant une bande du pays des Zoulous, ou nord du Natal. D'autre part, un voyageur Allemand aurait trouvé, l'an dernier, de très riches mines d'or chez les Boërs, l'une au nord-ouest du Natal à 1000 kilomètres d'Urban, l'autre plus au nord et plus près du Zambèze, toutes deux dans le territoire Transvaalien. Si les émigrants affluent dans le Transvaal attirés par l'appat de l'or, si nous voyons dans ce pays se renouveler l'histoire de l'Australie et de la Californie, qui peut prévoir les conséquences d'un tel événement ?

Telles sont les considérations qui me font espérer un grand avenir pour les Boërs et par suite pour toute l'Afrique Australe. Le jour où l'émigration européenne aura décuplé la population de ces contrées, Anglais, Hollandais et Cafres se trouveront mêlés et confondus, et alors peut-être, à l'honneur de notre civilisation et pour le plus grand bien de l'humanité, alors seront fondés les libres Etats-Unis de l'Afrique Australe.

Je termine. Pendant le cours de cette conférence, vous avez peut-être cherché le rôle de la France dans l'Afrique Australe, — et vous ne l'avez pas trouvé. Je l'ai cherché vainement moi-même, je l'avoue. S'ensuit-il nécessairement que nous devions souhaiter pour elle les destinées de l'Angleterre et un grand empire colonial ? Je ne le pense pas. Le temps des colonies est peut-être plus près de finir qu'on ne l'imagine généralement. Il est beau, sans doute, de civiliser des contrées barbares et d'y porter avec soi les plus glorieuses conquêtes de l'Occident, la poudre à canon, la vapeur, l'électricité, mille inventions à la fois bienfaisantes et terribles Convenez, en revanche, que trop souvent les violences, la ruse, la guerre, la dépopulation, la misère sont le cortége et les premiers effets de toute colonisation.

N'est-il pas pour nous un rôle possible à côté de celui des Anglais ? N'est-il pas dans le monde pour notre belle patrie une place plus digne d'elle et de son génie ? Laissez-moi le croire. Laissez-moi penser que la France peut conquérir, elle aussi, mais par le seul ascendant de ses idées, une pacifique et universelle prépondérance. Protectrice des petits Etats, qu'elle intervienne partout où la justice et le droit seront violés. Que ses agents, ses consuls, ses représentants de tout ordre, neutres et désintéressés dans les querelles de pure ambition, soient en tous lieux les avocats des bonnes causes. Que le principe du libre-échange, l'abolition de l'esclavage, la suppression de la traite, que les lois de l'humanité soient inscrits sur notre drapeau. Que les langues les plus diverses, même celle des Cafres et des Hottentots, soient enseignées chez nous, afin de préparer une armée d'interprètes et de rendre la tâche facile aux colons et aux commerçants. Que la science et la diplomatie s'unissent pour effacer les vieux préjugés qui nous séparent de l'étranger, pour rendre un nouvel essor à notre race, jadis la plus expansive de toutes ! Voilà le rôle que je désire, que je rêve pour notre pays.

Des colonies ? Eh ! Messieurs, du jour où il sera possible de commercer librement en tous lieux, les colonies ne seront plus utiles pour un peuple en particulier. Les colonies riches seront par le fait indépendantes. Les colonies pauvres ne seront qu'une charge pour la métropole. Il n'y aura, en réalité, dans le monde, que des États autonomes. Il n'y aura plus ni oppresseurs ni opprimés, ni maîtres ni esclaves, ni exploitants ni exploités.

Mesdames, Messieurs, ma plus douce récompense d'être venu à Bayonne, après l'accueil flatteur que j'y ai reçu, sera d'avoir senti autour de moi de nobles cœurs battre pour ces principes sacrés de justice et de charité universelle que notre pauvre société contemporaine tant calomniée n'a pas encore complétement mis en oubli, pour ces lois mystérieuses et éternelles inscrites au fond de toutes ses consciences, pour ces vérités vraiment divines, mieux comprises d'âge en âge et qui sont la foi de notre siècle.

IMPRIMERIE DE Vᵉ LESPÉS, RUE CHEGARAY 12.